Bb

Maria Puchol

abdopublishing.com

Published by Abdo Kids, a division of ABDO, PO Box 398166, Minneapolis, Minnesota 55439.

Printed in the United States of America, North Mankato, Minnesota.

102017

012018

THIS BOOK CONTAINS RECYCLED MATERIALS

Photo Credits: iStock, Shutterstock

Production Contributors: Teddy Borth, Jennie Forsberg, Grace Hansen

Design Contributors: Christina Doffing, Candice Keimig, Dorothy Toth

Publisher's Cataloging in Publication Data

Names: Puchol, Maria, author.

Title: Bb / by Maria Puchol.

Description: Minneapolis, Minnesota : Abdo Kids, 2018. | Series: El abecedario | Includes online resource and index.

Identifiers: LCCN 2017941864 | ISBN 9781532103018 (lib.bdg.) | ISBN 9781532103612 (ebook)

Subjects: LCSH: Alphabet--Juvenile literature. | Spanish language materials--Juvenile literature. | Language arts--Juvenile literature.

Classification: DDC 461.1--dc23

LC record available at https://lccn.loc.gov/2017941864

Contenido

La Bb 4

Más palabras con Bb. 22

Glosario 23

Índice 24

Código Abdo Kids 24

La Bb

Bruno lleva una **bufanda**
y unas **b**otas **b**onitas.

La Bb

Beatriz y **B**asilio **b**e**b**en un **b**atido de **b**ananas.

La Bb

Benito **b**ota **b**ien el **b**alón de **b**aloncesto.

La Bb

Bár**b**ara **b**aila **b**ajo la lluvia.

La Bb

Las **b**allenas viven **b**ajo el agua.

La Bb

Belén tira la **b**otella en la **b**asura.

La Bb

Benjamín **b**romea en la **b**i**b**lioteca.

La Bb

El **b**e**b**é **b**esa a **B**lanca.

La Bb

¿A qué juega **B**orja?

(**b**éis**b**ol)

Más palabras con Bb

bicicleta

bombero

bosque

brújula

Glosario

bromear
decir o hacer algo a una persona para reírse de ella, sin ofenderla.

bufanda
prenda de vestir que se pone en el cuello cuando hace frío.

Índice

bailar 10

ballena 12

baloncesto 8

basura 14

batido 4

bebé 18

beber 6

biblioteca 16

bolso 14

botas 4

lluvia 10

abdokids.com

¡Usa este código para entrar en abdokids.com y tener acceso a juegos, arte, videos y mucho más!